LE PÉRIL JAUNE

ÉTUDE SOCIALE

PAR

A. VAMBÉRY

BUDAPEST

GUSTAVE RANSCHBURG

LIBRAIRE-ÉDITEUR

1904

Société anonyme d'imprimerie de Pest,

«Pauvre Europe! Dans ton noble élan
d'apôtre de la culture intellectuelle moderne, tu as
tourné tes regards vers l'Extrême-Orient. Dans ton
enthousiasme pour les droits de l'homme et la
liberté, tu as porté le drapeau de notre civilisation
jusque dans le lointain Nippon. Et, maintenant,
une honteuse ingratitude doit récompenser tes efforts,
puisque le meilleur de tes élèves asiatiques: le
Japon, est déjà plus fort que toi. Tu cours le
danger que, conduits par cet excellent disciple, des
millions d'hommes de race jaune t'envahissent
bientôt, ou qu'ils troublent ton commerce et
détruisent ton influence dans l'Asie orientale.
Oui, pauvre Europe, tu es vraiment à plaindre!»

Ces lamentations et d'autres analogues s'élèvent,
depuis quelque temps, dans certaines contrées de
l'Europe. Une puissante voix princière s'en est
même fait l'écho; et l'appel: «Peuples de l'Europe,
sauvegardez vos droits les plus sacrés!» — inscrit
sous le tableau du professeur Knackfuss et suivi
de la signature «Guillaume I. R.» — atteste irré-
futablement la gravité solennelle et la haute importance de cette exhortation. Oui, il n'y a pas
même un soupçon de plaisanterie dans ces paroles!

4

Nous nous serions volontiers associé à cet appel de l'empereur d'Allemagne, s'il n'avait pas été lancé à un moment où l'on s'occupait, sur les bords de la Spree, de la singulière concession de Kiao-Tchaou, et où cette chère Russie — qui s'appuie, sur le tableau, sur la Germanie, sa voisine, — avait déjà élaboré, justement d'après ce modèle, le plan d'occupation de la Mandchourie et de la presqu'île de Liao-Toung. C'est là une coïncidence tout à fait fâcheuse; — mais il n'en résulte pas moins, tout d'abord, que les hautes et augustes sphères se préoccupaient moins du bien et du mal de l'Europe menacée que de leur politique coloniale inaugurée en Extrême-Orient; puis, que le tout n'était qu'un coup de feu en l'air pour dissiper les méfiances éventuelles de l'Europe et pour profiter de la fumée de la poudre afin d'accomplir plus facilement, et sans être vu, l'oeuvre de la conquête. Un proverbe oriental dit: «Les paroles des princes sont les princes des paroles». Eh bien, ce que l'empereur Guillaume a dit s'est réellement en partie confirmé, puisque le petit Japon, cette étroite bande de terre dans l'Océan pacifique avec une superficie de 147.655 milles anglais carrés et une population de 45 millions d'âmes, a non seulement déclaré la guerre mais encore infligé de graves échecs sur mer et sur terre à la puissante Russie, qui possède un territoire de 8,660.395 milles anglais carrés et une population de 141 millions d'habitants. En disant que les paroles de l'empereur se sont en partie confirmées, je n'entends les appliquer qu'à

la puissance, à l'enthousiasme et au patriotisme
du peuple japonais ; car il est tout à fait impossible
que ce peuple puissant, enthousiaste et patriote
veuille utiliser ses merveilleuses qualités pour faire
des conquêtes, et qu'il puisse ou veuille menacer
l'Occident de sa force militaire. Le Japon a dû
prendre les armes parce que le voisinage immé-
diat de la Russie lui semblait menacer son développement politique, ses intérêts économiques et
même son existence ; et, de fait, pareille proximité
ne saurait être ni un encouragement, ni une garantie de progrès pacifique, ni une perspective tant
soit peu agréable. En effet, l'histoire enseigne que
les conquêtes russes en Asie ont constamment
suivi une direction allant du Nord au Sud et
jamais la route opposée, de sorte que la position
des Russes en Corée et en Mandchourie devait
inspirer de justes appréhensions aux Japonais pour
leur plus prochain avenir.

Si la Russie était restée maîtresse de ces
positions, le sort du peuple japonais si bien doué
aurait certainement été bientôt scellé, parce que la
Russie se serait frayé pas à pas un chemin en
avant et aurait employé tous les moyens possibles
pour envahir les régions voisines. Cela étant, l'empire du Mikado serait forcément devenu un Etat
vassal du Tsar.

Chez nous, en Europe, cette situation n'a été
connue que ces derniers temps ; mais, au Japon,
il y a longtemps que les sombres nuages menaçant du côté du Nord inspirent de vives appréhensions. En 1888, un Japonais étudiant alors à

6

Berlin, M. Saito Shinichiro, m'écrivait textuellement ceci : «I am a Japanese, who cannot remain indifferent to the ever pressing phases of the Central Asian question, in which You take a lively interest. The Russian lust of conquest is no less vigorous towards Manchuria and the Yellow Sea than upon Herat and Constantinople and with the feeble condition of China's military strength, not only the conquest of the whole Manchuria, but also the dismembrance of her Empire itself would seem to me a much easier task than the occupation of Herat... If nothing else will, the determined project of the Trans-Siberian railway casts a gloomy shadow of the coming events.» — Mais, même auparavant, d'autres voix s'étaient élevées au Japon; et, à chaque pas en avant fait par la Russie dans l'Asie orientale, le Japon répondait en silence en poussant ses préparatifs avec toute l'énergie dont il était capable, en mettant sa flotte et son armée en mesure de prouver un jour de la façon la plus brillante leur supériorité sur les forces navales et militaires du puissant empire des Tsars. L'on voit que le Japon n'a pas du tout cherché une mauvaise querelle à la Russie. Ses préparatifs militaires lui furent imposés seulement et uniquement par l'inextinguible soif de terre de la Russie; et celui qui impute des plans de conquête au Japon oublie manifestement que ce peuple brave, belliqueux et patriote, malgré sa supériorité, n'a fait en général la guerre que pour se défendre et rarement pour conquérir des terres étrangères

Etant donnés les principes de la politique

russe en Asie, il ne lui était point possible de s'expliquer pacifiquement avec le cabinet de St-Pétersbourg ; et, quelle que soit l'issue de la guerre, le Japon ne peut et ne doit avoir trêve et repos qu'après avoir fait reculer très loin au Nord les limites de la puissance russe et avoir convenablement garanti le paisible développement de ses conditions politiques, économiques et sociales.

*

L'ignorance, seule, ou la prévention peut accuser le Japon d'avoir troublé la paix. Le sang que ses soldats répandent en ce moment à flots sur les champs de bataille ne cherche point de conquêtes, mais rien que la sauvegarde des droits sacrés de son indépendance nationale. Le Japon veut avancer tranquillement et sans obstacles dans la voie de la civilisation, du progrès et de la liberté ; et ce serait vraiment un acte criminel et indigne de notre siècle que de chercher à entraver l'oeuvre de modernisation si magistralement commencée par ce merveilleux peuple asiatique. Celui-là seulement qui a longtemps étudié les peuples de l'Asie, qui connaît les efforts faits par notre civilisation depuis tant de siècles pour pénétrer chez les peuples de l'Orient voisin et pour y remplacer le désordre, l'ignorance et la corruption par la légalité, la culture intellectuelle et la justice sans que l'on puisse constater encore une amélioration sensible, tandis que le Japon, tel un Deus ex machina, apparaît rajeuni, consolidé et transformé, — celui-là seulement, dis-je, appréciera comme il convient les mérites de ce peuple jaune aux confins orientaux de l'Asie et pourra s'enthousiasmer pour son oeuvre. Un peuple qui s'est montré aussi épris et aussi susceptible de civilisation, qui s'est dégagé en quelques lustres des liens de l'Asiatisme et qui est devenu notre égal, n'entrera pas légèrement dans la voie des conquêtes et ne cherchera pas à utiliser dans ce but les biens précieux de la paix et de la civilisation qu'il a acquis au prix de tant d'efforts désintéressés. Non ! le Japon ne le fera pas et ne saurait le faire. Pareille conduite serait en contradiction avec le caractère national du peuple japonais, qui, pour être brave, patriote et enthousiaste, ne vise au fond que le progrès de son industrie et de son commerce, la consolidation de son bien-être national. Or, on sait que la guerre n'est pas précisément le moyen d'y arriver.

S'il en est ainsi, et personne ne pourra nous prouver le contraire, nous demandons : Sur quoi se base-t-on pour prétendre que les Japonais voudraient secrètement attaquer l'Europe, et pour affirmer l'existence d'un «Péril jaune»? Si nous demandons de plus amples explications sur ce fantôme évoqué dans des buts politiques et auquel ne croient pas même ceux qui le dénoncent, l'on nous dit entre autres : 1° Il est fort vraisemblable que les peuples de «race jaune» fassent maintenant cause commune pour des raisons ethniques, et qu'ils veuillent marcher contre la «race blanche». Ces deux races, ainsi raisonne-t-on, ne sauraient vivre longtemps côte à côte sur la terre. Il faut que l'une ou l'autre prenne le dessus, ou qu'elle succombe. Jusque dans ces derniers temps personne ne songeait à ces choses; mais le réveil subit et la consolidation du Japon ont éveillé le soupçon que ce peuple intelligent et actif pourrait bien se mettre maintenant à la tête des Asiates et engager la lutte pour l'empire du monde. Cette manière d'envisager les choses se base naturellement surtout sur l'hypothèse, très fausse, que les deux races en question ne sauraient coexister en paix. 2° Des raisons d'ordre religieux ont été mises en avant, en ce que l'on a opposé le Bouddhisme, religion dominante chez la race jaune, au Christianisme qui réunit la grande majorité des peuples blancs. Le réveil du Japon, sa renaissance et la conscience qu'il a de sa force sont présentés comme un grave péril pour le Christianisme. Pour conserver les préceptes sacrés de la religion du Christ et les défendre contre l'invasion du Paganisme, il faut déployer toutes nos forces afin de subjuguer et de contenir les peuples qui suivent la religion non-chrétienne la plus répandue sur le globe. 3° Le progrès et la coopération des peuples de race jaune en matière industrielle et commerciale sont considérés comme un danger pour les peuples blancs. L'on craint ici une véritable invasion d'un peuple jeune sur un terrain que l'on était jusqu'à présent habitué à regarder comme un monopole de la race blanche. Comme les salaires en Extrême-Orient sont moins élevés que chez nous, que les Chinois et les Japonais sont plus sobres, plus actifs et plus industrieux que les ouvriers de l'Occident, on craint dès aujourd'hui que les articles produits chez eux feront une concurrence néfaste, menaceront l'existence économique de l'Europe et de l'Amérique, et ruineront notre prospérité.

*

Les trois points qui viennent d'être exposés expriment éloquemment la peur, la prévention et la suspicion, qui sont les points de départ de cette chimère appelée «le Péril jaune». Mais, avant que j'entreprenne d'y contredire, qu'il me soit permis de reproduire quelques extraits d'une lettre qui m'est envoyée par un de mes vieux amis de Tokio: «Nous autres Japonais, m'écrit-il, nous ne pouvons comprendre comment l'Europe qui donna le jour à des hommes tels que Locke, Hume, Goethe, Montesquieu, Buckle, Tolstoi, etc. dont les doctrines ont si puissamment influencé la civilisation du monde moderne, comment cette Europe a pu être égarée par des idées aussi superficielles, aussi ridicules que «le Péril jaune»? Est-il possible que les historiens et les ethnographes tolèrent tranquillement que la méchanceté et l'ignorance sèment la haine et la discorde à un moment où nous parlons d'alliance entre les peuples, de fédération de l'humanité et de fraternité de toutes les races?» Vraiment, mon Japonais a raison: c'est là un triste symptôme d'aberration mentale. Et je considère comme un devoir de démontrer, autant que je le puis, la fausseté de la thèse du «Péril jaune» et de réfuter les trois points précités par les arguments suivants.

Examinons, tout d'abord, la légende d'une attaque de l'Europe par les peuples de race jaune. Maints cerveaux surchauffés y voient une nouvelle irruption de Huns, une nouvelle invasion de Gengis ou de Tamerlan contre notre continent, et veulent que le monde occidental éprouve une terreur infernale. Ces prophètes de malheur voient déjà d'interminables trains de chemins de fer inonder nos pays d'armées chinoises et japonaises, conquérir tout ce qui se trouve sur leur chemin et venger sur nous le mal qui leur a été fait. Oui, cela semble fort émotionnant et terrible ; seulement ce fantôme effrayant n'a aucune apparence de réalité, parce que, tout d'abord, la marche d'armées colossales de pays aussi éloignés est beaucoup plus facile à imaginer qu'à exécuter et, si même elle était possible, ces masses ne pourraient jamais résister aux forces unies de l'Europe. En second lieu, une transformation subite du caractère national chinois et un rajeunissement de ce peuple ne nous semblent guère admissibles, parce que la Chine, incarnation des tendances conservatrices asiatiques, ne saurait entrer aussi facilement que le Japon dans la voie du renouvellement social. Les yeux de la Chine furent de tout temps tournés vers le passé, ceux du Japon vers l'avenir. L'on ne saurait même pas parler aisément d'un réveil de l'esprit militaire en Chine, parce que le jeune Chinois ayant appris dans le Chou-King qu'un prince conquérant de pays étrangers n'est digne que de mépris et qu'un général victorieux mérite la potence, ne s'enthousiasmera guère à un âge plus avancé pour-

·des exploits militaires, bien que la Nature lui ait donné la force, le courage et toutes les qualités qui font les bons soldats. Le Chinois, éminemment travailleur, sobre et économe, pense avant tout à gagner de l'argent et à organiser sa vie confortablement et tranquillement; les lauriers militaires ne l'attirent point, et même le Japonais qui se distingue pourtant par son héroïsme ne veut employer ses vertus militaires que contre une agression étrangère afin de pouvoir vaquer tranquillement chez lui aux travaux pacifiques et au développement social de son pays. La guerre que le Japon fit contre la Chine était en réalité une mesure de défense contre les attaques russes; et si l'Europe ne l'avait pas frustré des fruits de sa victoire, il n'aurait pas dû aujourd'hui s'attaquer au Tsarisme. Cette soif de terre, cette kilométrite, comme l'on appelle la fièvre coloniale régnant en Europe, ne tourmente encore ni les Chinois ni les Japonais; et, nous le répétons, le danger menaçant d'une invasion de l'Extrême-Orient est un simple conte de nourrice méritant à peine l'attention. Le baron Suyematsu fait très justement observer à ce sujet dans un journal de New-York, le 19 mars (Carrier): «Nous tâchons d'être une nation digne de ce nom; mais nos efforts ne visent uniquement que l'acquisition d'une culture intellectuelle. Nous n'ambitionnons pas des acquisitions territoriales, et nous ne songeons nullement à faire des distinctions de races. Nous voulons nous gouverner nous-mêmes et progresser en paix, non pas conquérir et subjuguer d'autres peuples. C'est sur la base de la civilisation européenne que nous sommes entrés dans le concert des nations, et que nous voulons. y demeurer en paix.»

Il semble d'ailleurs que les pessimistes n'étaient pas tout à fait convaincus de l'efficacité de la menace d'une attaque militaire japonaise, car, pour obtenir l'effet voulu, — un mouvement anti-japonais, — ils ont encore mentionné le danger qui pourrait résulter pour le Christianisme si le Paganisme japonais venait à se consolider et à s'étendre. Sans parler de l'extension de plus en plus grande de l'incrédulité dans les temps contemporains, il me semble bien que ceux qui annoncent la venue du «Péril jaune» se trompent du tout au tout en prétendant que les victoires japonaises constituent un danger pour la religion du Christ. Dans l'Extrême-Orient la religion ne joue pas un rôle aussi important que dans l'Asie musulmane et que chez nous, dans la soi-disante Europe éclairée et libérale; et, pour ce qui concerne la liberté de conscience et la tolérance, ceux que l'on appelle «ces païens de Japonais» nous sont de beaucoup supérieurs. Ainsi, la complète séparation de l'Eglise et de l'Etat est un des principes fondamentaux de la Constitution japonaise. La croyance y est regardée comme une affaire personnelle du citoyen, dans laquelle l'Etat n'a pas à se mêler; et, dans les écoles, on ne donne point d'enseignement religieux, mais seulement un enseignement moral d'après les préceptes des sages et des moralistes les plus célèbres. L'on peut, à son choix,. professer le Bouddhisme, le Sintoïsme ou le

Christianisme : ni le gouvernement, ni la société
ne s'en préoccupent au Japon ; et, dans toutes
les classes sociales, même parmi les hauts fonctionnaires, on trouve des Japonais chrétiens qui jouis-
sent de la confiance de leurs concitoyens. D'après
les données statistiques que j'ai sous les yeux, le
Japon compte actuellement 133.581 Chrétiens pro-
testants, catholiques ou orthodoxes, avec 1022
missionnaires et 744 prêtres indigènes. Plusieurs
parmi les Chrétiens japonais occupent des situations
en vue. Je mentionnerai, entre autres, le baron
Nakashima, ancien président du Parlement ; MM.
Shimada, Kataoka, Nemoto, Yebara, Saihara et
Hatoyama, qui, appartenant soit au parti progressiste, soit au parti constitutionnel, jouent un rôle
marquant dans la vie publique de leur pays ; M.
Miyoshi, ancien président de la Cour de cassation ;
le vicomte Aoki, membre du Conseil privé ; la
marquise Oyama, épouse du généralissime de l'armée
japonaise. — M. Kataoka, chef d'un parti politique
et président de la Chambre des députés, décédé
l'année dernière, était un protestant des plus zélés
et demanda, à son lit de mort, qu'on chantât un
cantique religieux qu'il aimait à entendre. Dans l'instruction publique, les professeurs Nakashima,
Takahashi, Ozawa, Murakami, Kanda, Asada, Hirai
et Murai sont connus comme Chrétiens ; parmi les
institutrices, je relève les noms de Mlles Yadschima,
Tsuda, Uriu, Sakurai, Jasui ; et c'est le révérend
Narusi qui dirige l'Université féminine de Tokio.
Enfin j'ajouterai les noms de quelques directeurs
de journaux qui, pour être Chrétiens, n'en exer-

cent pas moins une grande influence sur l'opinion publique : MM. Tokutomi *(du Koku min
Shinbun)*, Shimada *(du Mainichi Shinbun)*, Zumoto
(du The Japan Times), puis MM. Yokoi, Yamazi,
Takikoshi et Iwamoto, directeurs de périodiques
estimés, etc. Que l'on fasse une comparaison avec
certains pays de l'Europe si fière de sa tolérance,
de son équité et de son humanité ; et l'on acquerra
la conviction que les Japonais tant décriés dans
certains milieux peuvent, à maints égards, donner de bons exemples à leurs anciens maîtres.
C'est en vain que des milliers de Bouddhistes,
Sintoïstes et Japonais chrétiens se sont réunis à
Tokio et ont déclaré que la guerre actuelle n'a rien de
commun avec les questions de religion et de race,
et que le Japon ne cherche que la paix, la tran-
quillité et l'éducation sociale. Certains cercles
européens veulent maintenant entreprendre une
croisade contre l'Extrême-Orient, et tous les moyens
leur semblent bons dans ce but. Le baron Suyematsu, gendre du célèbre marquis Ito, dit dans
son étude déjà citée : «Certaines gens nous traitent
de païens, tandis qu'une entière liberté de conscience règne chez nous, garantie par notre constitution. Nous professons la tolérance et la
liberté absolue des convictions religieuses ; et je
puis affirmer hardiment que notre pays est des
millions de fois plus libre que celui auquel nous
faisons maintenant la guerre. Nous voulons et
nous nous efforçons d'être tolérants et libéraux en
toutes choses ; et ceux qui nous connaissent
de près en témoignent volontiers. Nous espérons

aussi faire encore d'autres progrès, et mettre
notre beau petit pays à la tête de la science, de
l'industrie, des arts et de la culture intellectuelle ;
oui, nous espérons même devenir un exemple de
paix et d'harmonie pour toutes les races et toutes
les nations de l'Humanité». Voilà comment parle
et pense chaque citoyen éclairé du Japon moderne ;
et je demande à mon tour : Est-il possible que ce
peuple songe à la guerre, à des tueries, à l'in-
cendie et au pillage ; est-il croyable qu'il devienne
avec le temps un dangereux ennemi de notre
civilisation et des libertés occidentales ?

*

— «Et le danger économique, — me de-
mandera-t-on, — voulez-vous le nier également ?» —
Non, pas le moins du monde ! Du moment qu'il est
question d'un Péril jaune, tout homme indépendant
et impartial devra reconnaître que le peuple japonais,
si bien doué, si agile et si tenace, s'élèvera au fur et à
mesure qu'il progresse dans toutes les branches de
la civilisation moderne, — dans l'industrie, le commerce, les sciences et les arts, — qu'il s'élèvera,
certainement jusqu'au point de devenir un redou-
table concurrent pour la politique économique de
l'Europe dans l'Extrême-Orient, et qu'il pourra
même porter préjudice à la constitution actuelle
de nos échanges commerciaux. Mais cela n'est
qu'une conséquence tout à fait naturelle de notre
propre activité ; et, du moment que nous avons
tâché d'inculquer à un élève aussi intelligent toutes
nos connaissances scientifiques et techniques,

nous ne devons pas nous fâcher ni regarder de travers les succès de notre ancien élève. Cela serait non seulement injuste et peu généreux, mais encore enfantin et même ridicule. Un proverbe oriental dit : «Celui qui était un bon élève deviendra supérieur à son maître». Cela n'est pas encore le cas pour les Japonais, parce que le Japon n'a pas atteint pour le moment le niveau de la partie civilisée de l'Europe ; - mais il peut y arriver et il y arrivera sans que nous puissions y changer rien, parce que l'on ne saurait arrêter violemment ni la croissance d'un arbre sain, ni celle d'un peuple intelligent et actif. J'irai même plus loin ; et j'affirmerai que le Japon va passer maintenant du rôle d'un élève à celui d'un maître pour le peuple chinois, son voisin et congénère, et qu'il y transplantera la civilisation qu'il reçut de nous. Cela non plus ne saurait être empêché, car c'est là encore une conséquence de notre activité civilisatrice et, si je puis m'exprimer ainsi, une évolution dans la lutte sociale qui se livre en Orient. Les 350 millions de Chinois (que personne n'a encore comptés) sont, à certains égards, supérieurs aux Japonais mêmes. Ce peuple, si souvent critiqué et décrié, mais jamais apprécié ni compris en Europe, est parfaitement capable de déjouer, un jour, tous les beaux calculs de l'Occident. Les Chinois ne sont pas du tout aussi perplexes et embarrassés qu'on le croit généralement ; ils ont déjà traversé leur période de transition, et l'on constate manifestement qu'ils se réveillent de leur sommeil dix fois séculaire, qu'ils bougent et qu'ils se meuvent. Naguère on disait d'eux : ils ne font pas construire des voies ferrées pour ne pas profaner les tombeaux de leurs ancêtres ; aujourd'hui les rails s'étendent déjà à vue d'oeil sur le pays et, dans dix à quinze ans, la Chine sera sillonnée de chemins de fer. Ce peuple possède une force vitale réellement puissante. Son exclusivisme était une émanation de l'orgueil d'une antique civilisation, car il en possédait déjà une lorsque l'Europe n'était encore qu'une contrée sauvage. Les Chinois étaient versés dans l'astronomie avant la naissance du Christ ; ils connaissaient dès cette époque les éléments fondamentaux des mathématiques et de la trigonométrie ; leur philosophie est plus ancienne que la nôtre ; leurs arts et leurs sciences dénotent des progrès étonnants ; enfin, il est évident qu'un tel peuple ne saurait si facilement périr tout entier. Par suite de leur grand amour pour la paix, leur instinct national s'engourdit et demeura longtemps inactif ; mais la force des circonstances les a maintenant un peu réveillés et, comme ils trouvent en leurs congénères jaunes, les Japonais, des voisins et des maîtres éclairés, ce réveil ira en croissant et remettra sur pied la vieille Chine. De grands changements s'y accompliront : le pays est riche et le peuple suffisamment habile pour entreprendre l'oeuvre de la transformation. L'impôt foncier — comme Sir Robert Hart l'expose dans un mémorandum — peut facilement être porté des 80 millions de taels qu'il produit aujourd'hui à 400 millions ; et des ressources considérables seraient là pour organi-

-ser une grande armée et une flotte militaire, ainsi que pour des établissements d'instruction de tout genre. Tout cela est parfaitement vrai ; cependant, pour ce qui concerne le moment de la réalisation de pareils plans, nous ne saurions être d'accord avec les alarmistes. Les choses ne pourront avancer en Chine qu'avec une extrême lenteur.

Les plans de bouleversement des esprits révolutionnaires, tels que Kan-Yu-Weï et ses compagnons, n'y changeront pas grand chose, parce que les causes en sont profondément enracinées dans le caractère et dans l'histoire plusieurs fois millénaire du peuple chinois. Même sa joie momentanée pour le succès des armes japonaises ne sera pas de longtemps encore capable d'imprimer une nouvelle direction aux lois de la psychologie populaire, ni de changer du jour au lendemain la marche historique de l'humanité.

Cette évolution dans l'existence des peuples de race jaune est certainement inévitable, mais elle s'accomplira beaucoup plus lentement et aura des résultats finals tout autres que ceux qu'on prédit en Europe. Comme le Japon a intérêt à ce que la Chine se consolide et puisse repousser une invasion étrangère, il s'efforcera de son mieux à aider ses voisins et congénères ; et il le fait d'ailleurs dès maintenant, car, dans plusieurs provinces chinoises, des officiers japonais sont occupés à dresser et à instruire les troupes irrégulières de l'empire du Milieu, et, d'autre part, de nombreux étudiants chinois fréquentent les écoles japonaises et y apprennent les sciences modernes qu'ils emploiront plus tard pour transformer leur patrie. Il doit sembler, dès lors, tout à fait naturel que la société *Toa-do-bun*, créée pour favoriser la renaissance intellectuelle des Chinois, fasse les plus grands efforts afin de les tirer de leur torpeur ; mais cela est plus facile à dire qu'à faire. C'est là, je l'ai déjà dit, une conséquence naturelle de notre politique culturale dans l'Extrême-Orient ; et, depuis l'Antiquité jusqu'à nos jours, on a constamment vu la civilisation passer dans les régions voisines et gagner de plus en plus du terrain. Il faut seulement regretter que des voix s'élèvent en Europe pour prétendre que ce développement naturel des choses implique une étroite union et même une alliance intime des deux principaux représentants de la race jaune, puis aussi un grave péril pour l'Europe.

*

De même, l'éventualité d'une coalition sino-japonaise est encore très loin de nous. Une haine de plusieurs siècles, comme celle qui sépare les Chinois des Japonais, ne s'efface nulle part facilement, surtout en Asie. Il faut connaître la profonde aversion et le mépris que les fils de l'Empire du Milieu ont jusqu'à présent professés pour les Japonais, si différents d'eux et comme physionomie, et comme caractère, et comme mentalité, pour se rendre compte des difficultés d'un rapprochement intime, pour ne pas dire d'une fusion entre ces deux peuples. Leur communauté d'intérêts en présence d'une agression venant du dehors peut bien amener une entente temporaire, mais jamais une alliance reposant sur des bases éthiques et ethniques. Le Japonais est fait d'une tout autre étoffe que le Chinois ; et, s'il a appris chez ce dernier les choses de la civilisation, il les a complètement transformées et arrangées suivant son génie national. Le Bouddhisme a bien passé des Chinois aux Japonais ; pourtant, le Bouddhisme japonais est complètement différent du Bouddhisme chinois. Il en est de même en littérature, en philosophie, dans les moeurs et coutumes ; et, pour tous ces motifs, l'on ne saurait parler d'une fraternisation sino-japonaise ni de la direction de la Chine par le Japon. — Un fait qui montre manifestement combien les deux peuples diffèrent l'un de l'autre est que la Chine entretient depuis des siècles des rapports avec l'Occident sans en avoir rien appris, tandis que le Japon s'est complètement européanisé en quelques lustres. Seul, un pessimisme intentionnel pourrait donc parler d'une fraternité d'armes sino-japonaise dans une prochaine lutte ou guerre de vengeance de la race jaune contre l'Europe. Oui, l'on veut à tout prix représenter la victoire éventuelle du Japon sur la Russie comme un danger imminent pour l'Europe ; et, dans ce but, il s'est déjà trouvé des prophètes pour découvrir que les succès déjà remportés par les Japonais remplissent d'une joie maligne non seulement la race jaune, mais encore l'Asie entière. — «Enfin — disent tout joyeux ces Asiates — il s'est trouvé un peuple oriental pour montrer aux insolents Occidentaux que le jour de la revanche est arrivé, et que nous ne leur servirons pas toujours d'objet de rapines et de brigandages.» — Des correspondants de journaux mandent que ce sentiment de vengeance s'est éveillé à Java, Sumatra, Bornéo, aux Indes même, et qu'il ne s'en faut pas de beaucoup pour que tout l'Orient se lève à la suite du Japon et chasse les «diables étrangers». Pareilles nouvelles peuvent certes terrifier les esprits faibles ; mais celui qui connaît bien l'Asie jugera qu'une invasion simultanée des hommes de l'ancien monde est une chimère tout aussi grande qu'une action combinée de *tous* les Etats européens.

Tout aussi peu pourrait-on encore parler d'un péril jaune dans le domaine industriel et commercial, d'abord parce qu'il ne saurait se produire aussi rapidement qu'on le croit en général, ensuite parce qu'un essor de l'industrie en Extrême-Orient, comme nous le constatons au Japon, entraîne aussi forcément une augmentation de ses importations occidentales. Le relevé ci-après des importations et exportations japonaises, de 1868 à 1903, fournira la meilleure preuve que plus celles-ci s'accroissent, plus ce pays achète de produits aux Etats de l'Occident.

Années	Importations Yen	Exportations Yen
1868	15,553.473	10,693.072
1869	12,908.978	20,783.633
1870	14,543.013	33.741.637
1871	17,968.609	21,916.728
1872	17,026.647	26,174.815

Années	Importations Yen	Exportations Yen
1873	21,635.441	28,107.390
1874	19,317.306	23,461.814
1875	18,611.111	29,975.628
1876	27,711.528	23,964.679
1877	23,348.522	27,420.903
1878	25,988.140	32,874.834
1879	28,175.770	32,953.002
1880	28,395.387	36,626.601
1881	31,058.888	31,191.246
1882	37.721.751	29,446.594
1883	36,268.020	28,444.842
1884	33.871.466	29,672.647
1885	37,146.691	29,356.968
1886	48,876-313	32,168,432
1887	52,407.681	44,304.252
1888	65,705.510	65,455.234
1889	70,060.706	66,103.767
1890	56.603.506	81,728.581
1891	79,527.272	62,927.268
1892	91,102.754	71,326.080
1893	89,712.865	88,257.172
1894	113,246.086	117,481.955
1895	136,112.178	129,260.578
1896	117,842.761	171,674.474
1897	163,135.077	219,300.772
1898	165,753.753	277,502.157
1899	214,929.894	220,401.926
1900	204.429.994	287,261.846
1901	252,349.543	255,816.645
1902	258,303.065	271,731.259
1903	289,502.443	317,135.518

En d'autres termes, plus le Japon consolide
son industrie et étend son commerce d'exportation.

dans les pays voisins, plus il devra acheter en Occident; et notre commerce n'aura pas beaucoup à en souffrir. Mais, ceci établi, la question ne se poserait-t-elle pas : Comment pourrions-nous empêcher que le Japon et, peut-être, la Chine aussi, plus tard, utilisent nos leçons au profit de leurs intérêts nationaux et emploient dans ce but les moyens scientifiques modernes ?

Il serait réellement difficile d'y répondre, car de même que le maître ne saurait interdire à son élève de faire fructifier les connaissances qu'il lui a inculquées, de même l'Europe ne peut défendre aux Japonais d'étendre leur commerce et leur industrie, et de lui faire concurrence. Si nous y voyons un Péril jaune, les anciens pays civilisés de l'Europe auraient déjà eu à découvrir un Péril allemand et un Péril russe au fur et à mesure que leur influence s'étendait dans l'est de notre continent, de même que l'on parle depuis quelque temps d'un Péril américain et que l'on s'apprête aussi à le combattre.

*

Donc, à quelque point de vue que nous jugions la maxime courante : le Péril jaune, elle semble, à mon avis, non seulement malveillante et malhonnête, mais encore tout à fait injustifiée et stupide. Il est évident que l'on n'a voulu s'en servir que pour soulever l'opinion publique contre le Japon, comme si l'on savait d'avance que ce peuple intelligent et courageux créerait des embarras à la grande puissance qui s'étend violemment au

Nord. L'on s'est assez vanté en Russie que le petit nain jaune serait écrasé sous les bottes du géant moscovite, et que le général Kouropatkine dicterait bientôt à Tokio les conditions de la paix. Maintenant que les chances de la guerre ont pris une tout autre tournure et que les défaites russes sur mer et sur terre démontrent si éloquemment la vigueur du peuple jaune, on veut nous faire croire à la chimère du Péril jaune. Heureusement, ce terrorisme ne réussit pas partout. Les Américains et les Anglais, peuples pratiques par exellence, bien qu'ils aient le plus à craindre de la supériorité japonaise, ont non seulement conservé tout leur sang-froid, mais encore ils se réjouissent des succès du Japon, parce qu'ils savent que cette nation, élevée dans les tendances libérales anglo-saxones, ne vise que la civilisation et le progrès, ne nourrit que des intentions pacifiques, ne met nulle entrave au commerce et à l'industrie, et ne veut que concurrencer librement les pays de l'Occident. Par contre, là où l'ignorance, la prévention, les préjugés ridicules ou la peur de dommages matériels dominent et l'emportent, là seulement on peut parler sérieusement du Péril jaune et s'inquiéter d'une attaque imminente de la race jaune contre l'Europe. L'Européen réellement libéral, qui a basé son individualité sur des fondements solides et qui regarde librement au loin, ne prêtera pas même l'oreille à ces propos enfantins ; et ce serait lui faire injure que de le croire capable de s'en émouvoir. Nous pècherions gravement contre les principes de notre civilisation, si nous prouvions aux hommes d'Orient, nos frères, que nous ne nous rendons chez eux que pour satisfaire notre soif d'or et de terre, que notre drapeau civilisateur n'était qu'un vain prétexte, une imposture, un mensonge, et que, remplis de colère, de jalousie et d'envie, nous voulons maintenant attaquer ceux-là justement qui écoutèrent docilement nos préceptes, s'accommodèrent à nos institutions et qui, reniant leur passé millénaire, suivirent notre exemple. Eh bien, ce serait cruel, lâche, impardonnable !

Lors même que je risquerais d'être traité de visionnaire et de rêveur, et de me voir reprocher un enthousiasme mal placé pour des choses irréalisables, je ne puis m'empêcher de croire fermement que notre intervention en Asie et notre immixtion dans l'histoire de l'humanité de ce continent étaient peut-être inspirées par un idéal plus élevé et des préoccupations plus nobles que le désir de lucre et de conquêtes, point de départ de notre action jusqu'à ce jour. Il serait attristant d'admettre que la mission civilisatrice proclamée par nous sur tous les tons n'était qu'un mot creux, une vaine fanfaronnade, pour duper et nous-mêmes et nos frères d'Asie. Non ! Cela serait souiller la mémoire des héros de la géographie et de l'ethnographie, des martyrs de la science et des pionniers du commerce. Nous n'avons pas envoyé en Asie rien que des canons et des balles de marchandises, mais encore des idées et des principes. Plus de deux siècles durant, nous nous sommes efforcés d'y tirer l'humanité de son sommeil, de l'affranchir de l'ignorance et de la tyrannie ; et, maintenant que nous avons enfin réussi à voir nos efforts couronnés de succès au Japon, nous voulons nous précipiter sur ce peuple, l'insulter et l'injurier comme s'il s'était montré indigne de nos préceptes. Ce serait là un mauvais encouragement pour les autres Asiates d'adopter notre civilisation, et une condamnation publique de notre propre conduite. D'un bout à l'autre de l'Asie, le Japon est jusqu'à présent le seul peuple qui se soit réellement et complètement civilisé. Sa rapide transformation est sans comparaison dans l'histoire de l'humanité, car l'oeuvre de culture et d'instruction accomplie par l'Occident chrétien en plusieurs siècles a triomphé au Japon en quelques dizaines d'années.

*

Il vaut la peine d'esquisser en quelques mots la métamorphose de ce peuple si foncièrement asiatique.

Le Japon s'est toujours distingué par une facilité d'adaptation et de compréhension inconnue aux autres Asiates. Avec cette même rapidité qu'il a mise à adopter la civilisation occidentale, il s'était approprié vers la fin du VIIe siècle la culture chinoise. La première connaissance des Japonais avec l'Occident date de 1549, lorsque le missionnaire portugais François-Xavier débarqua à Kagoshima et se mit à prêcher le Christianisme. Bientôt, les querelles entre les moines chrétiens firent que l'on vit des plans politiques derrière le signe de la Croix ; et l'on ferma le pays à cette religion. Sauf la factoterie hollandaise à Deshima, le Japon demeura pendant deux siècles complètement inaccessible aux Européens, jusqu'à ce qu'en 1853, le commodore américain Perry fut admis dans le royaume insulaire de l'Extrême-Orient. En quelques années, le Shogunat fut renversé, l'empereur actuel Mutsuhito monta sur le trône, les seigneurs féodaux déposèrent volontairement aux mains du Mikado leurs droits et leurs priviléges ; enfin, soit que la puissante Europe leur fît peur, soit qu'ils fussent convaincus des avantages de notre civilisation, le souverain et ses conseillers résolurent d'adopter la culture occidentale et se mirent immédiatement à l'oeuvre. Le premier soin de l'empereur fut de proclamer les fondements de la nouvelle politique ; il le fit dans les cinq articles suivants :

1. Ne jamais gouverner suivant son bon plaisir, mais comme l'opinion publique le désire.

2. Tous les citoyens de l'empire, grands et petits, doivent coopérer à l'oeuvre de la renaissance nationale.

3. Civils et militaires, tout le peuple doit empêcher que le pays retombe dans le régime antérieur.

4. Toutes les choses conventionnelles, tous les anciens préjugés doivent être abandonnés, et la vie publique régie par des principes d'équité et de justice.

5. La sagesse, les sciences et les arts devront être cultivés jusque dans les provinces les plus lointaines ; et tout doit concourir à la renaissance de l'empire.

Ce qui suivit maintenant dans le domaine des réformes s'accordait parfaitement avec ces principes fondamentaux. La capitale de l'empire fut transférée de Kioto à Tokio, mieux situé à tout égard. Les rapports entre le Mikado et les daïmos furent réglés ; et, fait assurément des plus important dans ce procès évolutionniste, une grande ambassade fut envoyée en Occident dans l'intention de faire savoir à tout le monde que le Japon avait le désir d'entrer dans le concert des Etats européens, mais en réalité pour soumettre à une revision les anciens traités conclus avec le Shogounat et pour étudier tous les détails des organisations gouvernementales européennes. Cette mission dans laquelle tous les éléments et les classes les plus diverses étaient représentés porta son attention sur toutes les branches et dans tous les domaines de notre vie publique. La constitution, l'administration civile et militaire, les finances, les moyens de transport, la justice, l'instruction publique, l'encouragement et la protection de l'industrie, du commerce et de l'agriculture, l'organisation de la société, tout ce que ces messieurs virent en Occident fut l'objet d'une étude approfondie et d'applications pratiques conformes aux besoins du Japon. Le grand rapport que les membres de la mission présentèrent à leur gouvernement a aussi contribué le plus à la création et à l'organisation du Japon contemporain. Une centaine de personnes : diplomates, hommes politiques, généraux, financiers, savants et plusieurs jeunes gens d'avenir composaient cette ambassade, la plus nombreuse peut-être que l'on ait jamais vue.

Plusieurs Japonais avides d'instruction ont aussi, soit avant, soit plutôt après cette mission, visité les pays occidentaux ou y ont été envoyés par leur gouvernement. On peut admettre que les fonctionnaires supérieurs de l'Etat, notamment les professeurs aux universités et aux collèges, ceux des écoles normales, ainsi que les instituteurs et institutrices des écoles supérieures de jeunes filles ont tous passé quelque temps en Europe et en Amérique pour étudier aux frais de l'Etat, ou aux leurs propres, les sciences modernes et compléter leur instruction avant d'embrasser une carrière dans leur pays. La science européenne est considérée au Japon comme le capital produisant les plus gros intérêts ; et celui qui n'en possède point doit se contenter d'une situation subalterne ou même infime. C'est ainsi qu'il a été possible de reconstruire l'empire sur la base des principes occidentaux et d'introduire l'esprit de l'Occident. Jadis, la connaissance de la littérature chinoise était en haute estime au Japon ; aujourd'hui, celui qui s'en vanterait ferait la plus triste figure, parce qu'on exige d'un homme instruit des choses complètement différentes. Tous les membres du cabinet, tous les dignitaires de la Cour, tous les politiciens, publicistes, présidents et directeurs de banques et de sociétés commerciales doivent posséder plus ou moins une éducation européenne ; et c'est seulement grâce à cela qu'il a été possible de suivre une politique de progrès et d'accomplir cette oeuvre qui remplit aujourd'hui d'un juste étonnement tous les peuples et tous les pays.

*

Si, malgré tout cela, il y a encore des gens qui, jalousant les progrès du Japon, cherchent à contester la valeur et la sincérité de sa régénération et invoquent à l'appui de leurs dires que la vie parlementaire n'est pas encore suffisamment développée dans ce pays puisqu'il n'y a qu'un parti libéral et pas de groupe conservateur, je prendrai la liberté de faire l'observation suivante. Le parlementarisme, que l'Europe entière a emprunté à la Grande-Bretagne, est même chez nous, dans plusieurs Etats, une imitation bien imparfaite ; aussi serait-il injuste de vouloir qu'il présente en Extrême-Orient un plus haut degré de perfection qu'en Occident. D'ailleurs, ces défauts dans la vie parlementaire du Japon sont compensés par la Constitution promulguée par le Mikado en 1888, qui peut être regardée comme une véritable bénédiction pour le peuple, car elle garantit un gouvernement essentiellement libéral à ce pays, où chaque citoyen jouit de droits égaux et n'est soumis à nulle contrainte ni en ce qui concerne sa religion, ni pour ce qui est de ses opinions politiques.

La protection et les faveurs jouent au Japon un rôle beaucoup moins considérable que dans la plupart des grands Etats européens ; et chacun peut, s'il a les qualités voulues, gravir les échelons les plus élevés de la vie publique. L'instruc-

tion obligatoire y a aussi donné d'excellents résultats : en 1902, 87% des filles et 95% des gar-
çons fréquentaient les écoles publiques. Les ma-
tières d'enseignement sont les mêmes qu'en Europe,
sauf quelques études répondant aux besoins lo-
caux ; et, dans ces derniers temps, la fréquenta-
tion scolaire a augmenté sensiblement. L'esprit
progressiste n'anime pas seulement les classes
élevées ; il a pénétré jusque dans les couches les
plus infimes de la population. Tout le monde veut
être instruit, car il sait que c'est le seul moyen
d'arriver à quelque chose.

Eh bien, si nous apprécions toutes ces choses comme elles le méritent, nous comprendrons
facilement comment le Japon s'est élevé en si
peu de temps au niveau où il se trouve aujour-
d'hui, et nous reconnaîtrons qu'un peuple qui a
mis un tel empressement à se régénérer peut
être comparé aux nations les plus avancées de
l'Occident. Au double point de vue intellectuel et
matériel, le Japon est aujourd'hui étroitement lié
à l'Europe et à l'Amérique ; il est leur collabora-
teur dans le domaine des recherches scientifiques ;
il prend une part active à la discussion de toutes
les questions ayant trait au progrès de l'humanité
et au relèvement du bien-être général ; enfin, il
ne s'éloignera pas, dans l'avenir non plus, des
autres pays du monde à cet égard.

Nous tenons d'autant plus à relever très fortement ce fait, que des voix malveillantes se
sont élevées qui, par jalousie ou par défaveur,
prétendent que la civilisation japonaise n'est qu'un

vernis superficiel, une simple fanfaronnade desti-
née à duper l'étranger, et qu'il est impossible
qu'un peuple se transforme du jour au lendemain
sans avoir traversé certaines phases historiques.
Or, cette opinion est décidément erronée. Il y a
des exceptions dans la Nature et aussi dans la
vie ethnique de l'humanité ; et la remarquable évolution du Japon est justement une de ces exceptions.

Quant à ceux qui demanderont pourquoi le
Japon seulement, et non pas aussi la Chine, la
Corée et d'autres nations orientales, s'est montré
capable d'un pareil progrès, il nous suffira de leur
répondre que, pendant tout le cours de son histoire deux fois et demi millénaire, depuis le mythi-
que Jimnou jusqu'à l'empereur régnant Mutsuhito,
ce peuple remarquable a toujours suivi sa propre voie et s'est constamment distingué de ses
voisins proches et lointains. Dans sa constitution
gouvernementale et sociale il a toujours montré des
tendances spéciales et originales ; c'était un morceau
d'Asie traversé par un courant fortement européen,
et lorsque le temps vint et que la nécessité se
présenta de créer du nouveau sur la base d'un
mouvement révolutionnaire, il y trouva aussi les
moyens et la ferme volonté.

Tout recul, toute volte-face est donc complètement impossible au Japon. Et le baron Suyematsu avait parfaitement raison de dire dans sa
conférence faite à Londres, en mai 1904 : —
«Nous nous sommes beaucoup efforcés de civi-
liser notre pays, de nous assimiler à tout égard

aux idées régnant en Occident ; et je crois que nous avons aussi réussi en quelque sorte. Cela nous a coûté beaucoup d'argent et beaucoup de sang. Nous avons goûté aux choses occidentales ; nous les avons trouvées excellentes, et nous n'en démordrons sans doute pas. Au contraire, nous voulons même aller plus loin dans nos progrès et marcher de pair avec nos amis. En ce qui concerne le côté matériel de la civilisation que nous avons adoptée, je puis vous donner l'assurance que nous ne l'abandonnerons certainement pas. Nous avons introduit chez nous la lumière électrique ; et nous ne retournerons pas à l'huile et à la cire. Nous avons des chemins de fer ; et nous ne nous accommoderons plus de voyages à pied. Ou bien couperons-nous peut-être les fils télégraphiques et en reviendrons-nous aux diligences ? . . . Eh bien, encore moins devez-vous croire à une volte-face en matière intellectuelle».

*

Rien ne serait plus facile que de poursuivre encore notre description de la vigueur et des qualités du peuple japonais, de la sincérité et de la haute importance de sa transformation culturale et de l'innocuité absolue de cette métamorphose pour l'Europe. Pourtant je crois que ces lignes suffiront pour convaincre tous ceux que la haine politique ou nationale n'empêche pas de voir clair, et pour les persuader qu'un peuple ayant travaillé avec tant d'enthousiasme à transformer sa civilisation et ayant fait tant de sacrifices pour perfectionner sa vie intellectuelle ne pense point à la guerre ni à des conquêtes.

Il nous faut aussi reconnaître que la notion du soi-disant Péril jaune est en contradiction avec la mentalité moderne de l'Occidental instruit, et que cette vaine et folle chimère a été inventée à dessein et n'a été lancée dans le monde que pour favoriser certains buts politiques. Il est d'ailleurs reconnu que cet épouvantail nous vient en droite ligne de Russie, qui, se voyant menacée dans ses insatiables appétits par la puissance naissante du Japon élevé dans des principes occidentaux, fait maintenant tous ses efforts pour noircir et discréditer son adversaire aux yeux du monde européen.

Si cela était fait par un autre Etat plus civilisé et s'intéressant davantage à la paix et à la liberté de notre continent, son appel aurait peut-être été pris plus au sérieux et donné matière à réflexion à ceux qui ne savent pas au juste de quoi il retourne. Mais la Russie qui n'a rien à envier à personne en fait de coutumes asiatiques; la Russie dont l'absolutisme et la tyrannie sans nom trouvent difficilement leurs pareils, même en Asie; la Russie qui est certainement plus mongole et barbare que le Japon, n'a point le droit de prétendre que les Japonais sont dangereux pour notre civilisation. Si les Russes voulaient bien réfléchir aux peines et aux luttes que leur transformation sociale a coûtées depuis Pierre-le-Grand jusqu'à nos jours, sans qu'ils aient encore réussi, au bout de deux cents ans, à s'affranchir des liens de l'esprit asiatique, tandis que les Japonais ont obtenu des résultats merveilleux en seulement un demi-siècle, — ils hésiteraient certainement à calomnier les Japonais et à les présenter comme des ennemis de la civilisation moderne.

D'ailleurs, dans plus d'un domaine de la culture sociale moderne, une comparaison entre les deux Etats serait décidément au profit du Japon. Prenons l'instruction publique, par exemple. Bien que le Japon ne compte que 45 millions d'habitants et une superficie de 163.000 milles carrés, tandis que la Russie possède 141 millions d'âmes peuplant 8,660.395 milles carrés, les écoles primaires nippones ont plus d'élèves que celles de l'empire moscovite. Comme les premières sont fréquentées par 4,302.623 et les secondes par 4,193.594 élèves, il résulte que, sur mille habitants, 92 vont à l'école primaire au Japon et 32 seulement en Russie. Les écoles supérieures et les universités présentent une proportion encore plus favorable au Japon ; et si nous passons au niveau général d'instruction, au libre progrès intellectuel, au sentiment individuel si développé chez le Japonais, à l'amour du travail, au goût des arts et surtout au patriotisme, la comparaison sera certainement à l'avantage du Japon.

Quant aux progrès des Japonais en matière économique, leur industrie constamment plus forte et leur commerce de plus en plus étendu en sont les preuves les plus éloquentes. De plus, l'armée nippone est — les faits le démontrent — égale sinon supérieure à l'armée russe. D'ailleurs, elle avait déjà appelé l'attention de l'Europe dans la campagne contre la Chine, pendant le soulèvement des Boxeurs ; et, dans son ouvrage : *Français et Alliés au Pé-tchi-li*, le général Frey l'apprécie en ces termes : «Cette armée qui marche au combat soutenue par des traditions morales et conduite par des officiers instruits, cette armée qui vise constamment le progrès et s'inspire d'un patriotisme élevé, est digne d'être rangée parmi les grandes armées du monde».

Mais, mieux que dans le sanglant métier de la guerre, les Japonais se distinguent sur le terrain de l'humanisme, comme il résulte des lettres enthousiastes des prisonniers et blessés russes tombés aux mains des Japonais. Ils ne trouvent presque pas d'expression pour louer la propreté et l'ordre régnant dans les hôpitaux japonais de Tokio, Hiroshima et Matsujama, les soins empressés des infirmiers et l'habileté des médecins, nommément des Drs Hashimoto, Sato et Kirutchi. Je ne parlerai même pas de l'ordre exemplaire que l'on admire partout, de la sobriété des troupes, de l'honnêteté et de la délicatesse des officiers ; et je demande seulement : Est-il possible aux Russes de témoigner de pareilles vertus, et ont-ils bien le droit de traiter les Japonais de «Mongols barbares» ?

Non, mille fois non ! Au contraire, la Russie si opprimée et si exploitée par la caste des fonctionnaires malhonnêtes devrait encore être reconnaissante aux Japonais, car chaque coup porté à l'armée du Tsar bat en brèche le pouvoir despotique, et les champs baignés de sang de la Mandchourie verront germer pour le peuple si bon et si patient qu'est le Russe un avenir de confiance et d'espoir.

La guerre actuelle marquera une évolution dans l'histoire de la Russie et, aussi, une nouvelle ère de paix pour le reste de l'Europe, car «l'éternel brouillon» sera contraint de réfléchir et d'entrer dans une voie nouvelle. Le prétendu «Péril jaune» peut devenir, pour l'Europe et l'Asie, un «Avenir rose». En appréciant les choses de cette façon, tout partisan de la civilisation moderne ne peut que souhaiter bonne chance aux Japonais, car ils combattent contre le boulevard des traditions moyenâgeuses, donc, aussi, pour la liberté et la paix européennes.